Humanistische Lyrik

AF280887

Gedichte, Sinnsprüche und andere Selbstgespräche

von Robert Matthees

Bibliografische Information Der Deutschen Bibliothek:
Die Deutsche Bibliothek verzeichnet diese Publikation in der
Deutschen Nationalbibliografie; detaillierte bibliografische Daten
sind im Internet über <http://dnb.ddb.de> abrufbar.

Herstellung und Verlag:
Books on Demand GmbH, Norderstedt

ISBN 3-8334-1385-9

Inhalt

Vorwort

Nach dem Studium vieler Texte, zumeist von solchen, die aus der Zeit der Aufklärung oder des Sturm und Drang stammten und überwiegend von Kant oder Herder geschrieben wurden, begann ich, selbst einige meiner Gedanken niederzuschreiben.

Die Lyrik ist eine gute Form, um dem Leser kurze und bedeutsame Themen zu vermitteln. Es sind nicht bloß zusammengereihte Wörter, die Sätze bilden, sondern stets ganze Gedanken, die sich im Gemüt als Empfindungen verewigen können, da die einzelnen Zeilen ein zusammengehörendes Ganzes ergeben.

Es folgt also:
Ein Büchlein mit lyrischem Inhalt.

Robert Matthees
Dresden

Resignation der Menschheit

(Meine erste philosophische Anwandlung, geschrieben im Alter von 17 Jahren.)

Frei ist unser Leben!
Das hört man so, aus aller Mund.
Die Welt ist gut, bestimmt für jeden!
Glaubte ich, ich dummer Hund.

Wissen ist Macht!
Sprach man, teilte man sich seit tausend Jahren.
Nichts Wissen macht nichts!
Spricht man heute, will lieber eigenen Wohlstand wahren.

Das System ist gut, seine Feinde schlecht!
Beides scheint oft unfair, nicht gerecht.
Bekomme ich genug? Was nur mehr als du, mein Knecht?
Ich bin korrupt, will mehr! Das ist mein gutes Recht.

Leben wir in Freiheit?
Dies zu Hinterfragen wagen nur sehr wenige Gelehrte.
Wir leben in Freiheit!
Wer nur lockte alle auf diese falsche Fährte?

Kleiner Versuch eines Entwurfs des menschlichen Lebenssinns.

Der Mensch kommt schwach auf die Welt: Er hat kaum einen Instinkt, wie das Tier, noch erfüllt er, um es mit den Worten Schillers zu sagen, seinen Selbstzweck willenlos, wie die Pflanze.

Der Mensch verfügt allerdings ab dem Zeitpunkt seiner Geburt über bestimmte Gaben, welche als Anlage in ihm vorhanden bzw. schon zu einem gewissen Teil in ihm ausgebildet sind.

Da Alles in der Natur seinen Platz hat bzw. diesen suchen und finden sollte, so besteht die wahre Lebensaufgabe eines jeden Menschen

Erstens in der Arbeit, die besagten Gaben zu erkennen und nach seinen besten individuellen Möglichkeiten zur Reife zu bringen

und Zweitens, seinen Mitmenschen bei dieser Arbeit nicht hinderlich im Wege, sondern hilfreich zur Seite zu stehen.

Kurz gesagt: Der Sinn des menschlichen Lebens ist der Humanismus.

Dein Mit-Mensch

(An dieser Stelle sei Rudolf Kuhr, der Initiator der gemeinnützigen Initiative "Humanistische AKTION", herzlich gegrüßt. Er verlieh dem Mit-Menschen seinen Namen und gab orthografische als auch inhaltliche Hinweise. http://www.humanistische-aktion.de/)

Siehst Du diesen Menschen im Spiegel? Das bist Du! Die Tiefen dieses Bildes zu erkunden: sieh es als Deine persönlichste Aufgabe im Leben an.

Und siehst Du den Menschen, der Dich sieht, wie Du Dich siehst - und zwar wenn Du in den Spiegel blickst? Studiere die Gründe für sein Tun und Lassen.

Auch wenn Dir sein Verhalten noch so unsinnig und widersprüchlich erscheint: niemals darfst Du seine Person angreifen!

Denn er ist Mensch - wie Du - und versucht sich nach seinem besten Empfinden zu entfalten - genau wie Du.

Allenfalls versuche ihm die falschen Grundsätze vor Augen zu führen, auf welche er seine Thesen stützt.

Nur überlege weise, ob Dir die Richtigkeit Deiner Thesen gewiss ist! Das Sprichwort "Irren ist menschlich" gilt auch für sich selbst.

Eines darfst Du vor allem nie vergessen: Er ist Dein Mit-Mensch!

Endlichkeit

Alles hat ein Ende!
Nur das Universum ist unendlich?
Keine Ahnung:
Als Mensch ist man wohl zu klein
und endlich.

Menschlichkeit

Ob Kaiser, König oder Kanzler:
Nichts gibt es Größeres,
als ein Mensch zu sein.
Darum fühle die Menschheit,
mit ganzheitlicher Liebe
und hochachtender Würde,
um wirklich Mensch zu sein.

Der Lebenskünstler

Die Kunst besteht im Leben selbst.
Doch Leben ist nicht gleich Leben
sowie das Schöne nicht gleich gut
und die Kunst nicht gleich die Kunst zu leben.

Nur wer im Leben es vermag,
sich selbst zum Kunstwerk zu erheben,
der kann als wahrer Künstler sein
und froh, in fester Ruhe, leben.

Er lebt nicht voller Angst und Furcht,
auch liegt ihm der Eigennutz sehr fern.
Lieber geht er ohne Kleidung, Geld und Reichtum,
dafür mit heitrer Miene und unter keinem Herrn.

Sein Urteil achtet nicht auf Werte,
zumindest nicht auf fremdbestimmte.
Allein der eigne Prüfstein ist es,
den der Lebenskünstler sich ersinnte.

Die Moral gilt ihm als höchstes Gut,
als seine angenehmste Pflicht,
die zu erfüllen und zu beschwören,
er ständig sich erpicht.

Ihn treibt kein Zwang,
kein Henkersknecht,
doch liebt er fest die Menschenwürde,
drum handelt er gerecht.

Oft denkt er an seinen eignen Tod,
nichts Materielles wird danach noch sein,
weder Ansehen, noch Ruhm,
noch der allerbeste Wein.

Drum prüft er sich mit größtem Mut,
lässt nicht die kleinste Ecke aus
und ist sich vor allem stets bewusst,
er baut an seinem eignen Haus.

Nichts kann ihn schrecken noch verwirren,
ist er sich seines Zieles doch bewusst:
Der Humanität des Menschen Ehre zu erbieten,
dabei vergeht ihm nie die Lust.

Das Ende kommt mit Sicherheit,
das ihn vom Erdboden wegfegt.
Allein die Freud am Guten ist's,
die ihm zur Lebenskunst bewegt.

Die Ehre

Geize nicht mir der Ehre!

Wenn Du sie Dir selbst erweisest,
als auch der Gesellschaft,
in der Du lebst,

so ist's den Menschen eine Lehre
und sie werden ebenfalls erweisen,
sich selbst, Dir und den Anderen,

eine Ehre.

Erziehungsfrage

Beim Erziehen formt man resignierte Menschen,
brauchen sie doch zumeist nicht selbst zu denken.

Aber Achtung:
Nomen atque Omen!
Name und sogleich Vorbedeutung!

Eine Frage der Gewohnheit?
Kindererziehung klingt gewohnt.
Erwachsenenerziehung dagegen fremd.

Doch jeder war mal Kind
und sollte es zum Teil stets bleiben.

Darum sollte man anstelle der Erziehung
lieber echte Menschenbildung treiben.

Müssen und Wollen

Die Langeweile hängt, wie der Ärger, nicht an den Dingen,
sondern an unserer Meinung von den Dingen.

Darum prüfe Dich und Deine Pflichten,
die Du als Gesellschaftstier befolgen musst.

Und nach genauer Übung, mit tiefer Selbsterkenntnis,
solltest Du bei guter Sozialisation sagen können:

Was ich will ist was ich muss.

Sokrates

Sokrates war ein Mensch,
wie Du und ich!

Nur wusste er zu lehren,
zwar nicht zu schreiben,
doch selbst zu denken,
darum wird er heute noch
Philosoph genannt.

Philosophie

Oft hört man:
Philosophen sind weltfremd!

Und nur, weil anscheinend nicht gesehen wird,
dass einem die Philosophie dabei behilflich ist,
den nötigen Abstand zur Welt zu gewinnen,
den jeder Mensch bedarf,
der gern feststellen möchte,
aus welchen Blickwinkel er
die Welt betrachtet.

Wissen und Weisheit

Wissen ist
die Kenntnis
der genauen Ursachen
samt den darauf folgenden
Wirkungen.

Weisheit dagegen ist
das Bewusstsein,
dass die eigene Kenntnis
der Welt nicht
alles ist,

die Akzeptanz,
dass man sich als
individueller Mensch
niemals alles Wissen
aneignen kann

sowie die Bereitschaft,
seine Pflichten als Mensch
stets nach
besten Wissen
zu erfüllen.

Eigentum

Wissen ist
das einzigste Gut,
welches Dir
nie jemand
im Leben
wegnehmen kann.

Selbst nach dem
Tod bleibt es
unter Umständen
im Bewusstsein
der Menschen
erhalten.

Religion

Religion ist
der Versuch des Menschen,
sich selbst
an die Natur
zurückzubinden.

Religion ist daher überall gleich;
es gibt nur einige Unterschiede
in den verschiedenen Konfessionen,
weshalb manchmal gar
Vorurteile entstehen.

Diese gilt es, aus Religion, zu überwinden.

Jesus Christus

Hallo lieber Kirchenmensch,
Dein Problem
ist längst erkannt!

Du folgst nicht
dem Jesus aus Nazareth,
der als Mensch
freudig Menschen half,
sondern dem Jesus aus Betanien,
der sich sein Haupt
von anderen Menschen
mit kostbarem Öl
salben ließ.

Gesandter Gottes

Gott sandte uns
die Natur und sagte:

Hier, lieber Mensch,
hast Du Deinen Verstand
und Dein Wirkungsfeld.
Sei nun eigenverantwortlich
und lebe wohl!

Gott

Gott ist mit Sicherheit
ein Symbol
des Denkens,
für die Harmonie,
das geheime
und unsagbare Gesetz,
der Natur.

Wer mehr
daraus macht,
sich selbst gar
in die blindeste
Unfreiheit stürzt,
dem ist es seine
eigene Sache.

Politik

Die Politik vertritt die Interessen des Volkes,
so steht es im demokratischen Gesetz geschrieben.
Entweder haben wir es also
mit einem sehr unvernünftigen Volk
oder mit ausgesprochen schlechten Politikern
zu tun.
Schlimmstenfalls mit beiden.

Demokratie

Demokratie ist wie
Chancengleichheit im Sport.
Darum spiele fair
und strenge
Dich an.

Deutschland

Deutschland war ein Land
der Dichter und Denker!

Warum erinnert sich nur
keiner mehr an sie,

damit es wieder ein Land
der Dichter und Denker
wird?

Europa

Europa, großer Kontinent!
Wächst und wächst und wächst!
Nur nicht verloren gehen darf
die Kultur und Autokratie
der einzelnen Menschen.

Leben heißt Verschiedenheit;
keiner ist gleich dem Anderen!
Nur Menschen sind wir alle;
keiner mehr, keiner weniger.
Europa, großer Kontinent!

Güterverteilung

Wären die Güter
in unserer sozialen
Gesellschaft
ein wenig mehr
nach dem Prinzip
der Gleichberechtigung
verteilt,
so gebe es wohl
keinen hungrigen
Menschen mehr
auf der Welt.

Frieden

Frieden muss
nicht nur der Zustand
zwischen zwei Kriegen
sein.

Demokratischer Frieden

Angenommen,
dass überall, d.h.
in jedem Teil
der Welt,
die Menschen selbst
über Krieg und Frieden
entscheiden würden
und diese Menschen
vernünftig wären,
so hätten wir
Frieden durch Demokratie,
da sich wohl kaum ein
vernünftig-rechtschaffendes
Volk selbst einberufen
und in den Kampf
schicken würde.

Krieg

Nichts ist menschenunwürdiger,
als der überflüssige Zustand
eines Krieges.

Eroberungskrieg

Die Habgier treibt
einige Menschen
sogar zur irrigen Annahme,
dass sie sich unbedingt
neue Grenzen
erobern müssten.

Grenzen

Manche Grenzen
sind nur zum Übertreten
zu gebrauchen,
manche nicht.

Mauer

Jede Mauer,
die niedergerissen wird,
sollte als ein
tiefer Brunnen,
grüner Garten
oder hoher Turm
neu erbaut werden.

Haben und Sein

Ich habe und benutze,
das Kapital ist mir heilig
und Baal mein Gott.
Nichts ist größer,
als der Mammon, für mich.

Nur bitte wer bin ich?

Entfremdung

Du legst den
größten Wert auf
bestimmte Dinge,

Dir geht es
förmlich schlecht,
wenn Du
dieses oder jenes
nicht besitzt,

Dir kommt es vor,
als würde ein Teil
von Dir selbst
fehlen?

Das ist nicht gut!

Du überträgst
Deine persönlichen
Eigenschaften
und Empfindungen
auf leblose Dinge.

Bemerkst Du das
denn nicht?

So bewirkst Du
keine innere Ruhe,
sondern lediglich
materielle
Entfremdung,
die Dich niemals
ruhen lässt.

Humanität und Humanismus

Jeder Mensch verfügt
über bestimmte Anlagen,
die er von der Natur
zu seinem
ersten Geburtstag
geschenkt bekam;
seine Humanität.

Die Lebensaufgabe
eines jeden Menschen
ist daher die
bewusst-harmonische
Kultivierung
dieser Anlagen;
sein Humanismus.

Harmonie

Jeder Planet
kreist um die Sonne,
auf seiner eigenen Bahn,
ohne seinen Gegenüber
dabei den Weg,
wohlmöglich gar
mit Absicht,
zu versperren.

Sollte allerdings
doch einmal eine
Kollision stattfinden,
so besteht die Möglichkeit,
dass durch die freiwerdende
Energie unter Umständen
gar neues Leben
entstehen kann.

Das ist Harmonie.

Toleranz

Unter Toleranz
wird leider
offensichtlich
von dem
einen oder anderen
Menschen die
völlige Teilnahmslosigkeit
verstanden.
Das ist falsch!

Toleranz sollte,
wie Goethe den Begriff
zu seiner Zeit
sehr richtig definiert hat,
nur eine
vorübergehende Gesinnung
sein - sie muss
zur Anerkennung
führen.

Genügsamkeit

Es gibt zwei Arten von Dingen:

Die materiellen Dinge
machen durch Mitbesitz ärmer
und verleiten zum Egoismus.

Die Liebe zu
den immateriellen Dingen
ist daher Genügsamkeit.

Gleichberechtigung

Gleichberechtigung
bedeutet nicht nur
die gleichen Rechte zu haben,
sondern auch
die gleichen Pflichten.

Ganzheitlichkeit

Die Welt ist sehr groß,
weit, vielseitig
und kaum übersehbar,
für einen
einzelnen Menschen.

Das ist aber noch lange
kein Grund,
sich nur für den eigenen
winzigen Wirkungskreis
zu interessieren.

Denn es gibt mehr
als das endliche
individuelle Leben.
Die Welt ist groß
und die Zeit noch lang!

Tugend

Tugendhaft ist
derjenige Mensch,
der es vermag,
selbst unter
erschwerten Bedingungen
ein menschlich-handelnder
Mensch zu sein.

Zuruf

Mensch sei bewusst-lebend!
Mensch sei neugierig!
Mensch sei diesseitig-orientiert!
Mensch sei gesellschaftlich!
Mensch sei gerecht!
Mensch sei genügsam!
Mensch sei liebend!
Mensch sei kreativ!
Mensch sei arbeitsam!
Mensch sei lebensfroh!
Sei menschlich!

Gerechtigkeit

Lerne Dich kennen und schüttele sie ab,
die Ursachen der Unwissenheit.

Alle sind wir Menschen dieser Erde,
das ist unsere verbindende Gemeinsamkeit.

Besorge Dir nur die Dinge, die Du benötigst,
das nennt man Genügsamkeit.

Achte das Leben, die Freiheit
und denke an die Menschlichkeit.

Sei hilfsbereit und freundlich,
das versteht man unter Höflichkeit.

Sei auch froh und aufgeschlossen,
das fällt wohl unter Munterkeit.

Und keinesfalls vergiss im Leben
jemals die Gerechtigkeit.

Sonnenlicht

Die Sonne steht zur Mittagszeit
zum stolzen Erwärmen
der Erde bereit.

Und ich schau sie
von hier unten
mit fragendem Menschenblicke an:

Warum ziehen wir
Dein Licht
nicht gleich automatisch an?

Helligkeit

Warum versteckst Du Dich,
ist Dir das Licht etwa zu hell?

Die Dunkelheit ist bald erleuchtet,
hoffentlich geht es schnell!

Geblendet

Du bist geblendet,
vom falschen Licht;
kannst oder willst
nichts Neues
mehr sehen?

Dann schließe Deine Augen,
überlege eine Weile,
vergiss was Du gesehen hast
und erfreue Dich
am neuen Licht.

Metaphysik der Sesamstraße

Ernie: Bist Du frei, Bert?

Bert: Ja, das bin ich!

Ernie: Dann sage mir doch, warum?

Bert: Weil ich mich nicht um das kümmere, was Samson und das Krümelmonster meinen.

Ernie: Und wie kam es dazu?

Bert: Ich bemerkte, dass es falsch ist, die eigene Meinung nicht anzuhören und nur auf das zu achten, was die anderen Monster der Sesamstraße sagen.

Ernie: Also hast Du Erfahrungen gesammelt?

Bert: Ja. Warum?

Ernie: Dann hast Du Teile dieser Sammlung wohl miteinander verglichen?

Bert: So denke ich.

Ernie: Beim Vergleich hast Du also Teile Deiner Sammlung miteinander verglichen. Wohl auch die Ursachen mit Hilfe der Zeit bestimmt?

Bert: Das ist doch logisch! Worauf willst Du hinaus?

Ernie: Dann hast Du logisch geschlussfolgert?

Bert: Das habe ich, wie gesagt.

Ernie: Wonach Wahr und Wahr ein Richtig ergibt u.s.w.

Bert: Genau, die Logik.

Ernie: Also hat Dich die logische Schlussfolgerung zur Selbsterkenntnis gebracht, Dich mit Deinem Umfeld verglichen und wohlmöglich zur Entscheidung veranlasst, lieber nicht auf Samson und das Krümelmonster zu hören.

Bert: Wie meinst Du das?

Ernie: Samson hat wohlmöglich ein Ereignis verursacht, welches Deinem guten Geschmack nicht entsprach, da es Deiner Natur widerstrebte oder sonst ein Ärgernis war; so auch das Krümelmonster?

Bert: Das war der Fall.

Ernie: Auch ist es schwer zu sagen, ob Du denn absichtlich oder unabsichtlich die Teile bestimmtest, die Teile, welche zum Vergleich genutzt wurden?

Bert: Ich verstehe nicht.

Ernie: Verfügst Du über eine Gesamtsicht der Dinge oder erblickst Du stets nur gewisse Erscheinungen im Gemüt?

Bert: Hmm - gewisse Erscheinungen.

Ernie: Irgendeine Form der Sprache, Bilder, Texte, manchmal auch keine Bilder und keine Texte, sondern sonst irgend etwas.

Bert: Auch erscheint alles im Raum und der Zeit nach.

Ernie: Gut, ich sehe, Du denkst mit. Kannst Du mir näheres zu diesem Mitdenkvorgang an sich sagen?

Bert: Über den was?

Ernie: Über den Vorgang des Denkens, welche Prämissen konkret wie zustande kommen und in welcher Form genutzt werden?

Bert: Nur schwerlich kann ich es erahnen.

Ernie: Ob dieser Vorgang nun wohl frei ist oder doch durch bestimmte Erfahrungen von vornherein determiniert wird, kannst Du mir also nicht genau sagen?

Bert: Nicht genau.

Ernie: Über Anfang und Ende lässt sich nur schwerlich spekulieren, wenn man die genauen Ursachen nicht kennt - es lohnt sich auch nicht, weiter über solches zu streiten - und man kennt wohl nur das genau, was man sinnlich begriffen hat. Ich sage Dir: Vergleiche nur weiter und prüfe Dich, mach Dich selbst zur wichtigsten Erfahrung. Befolge diese Anweisung nach freiem Empfinden oder auch durch einen determinierten Denkvorgang - wie auch immer -, nimm sie an.

Bert: Gute Tage, wünsche ich noch.

Abschied

Einst lebten zwei gute Freunde, fast als Nachbarn, in der selben Stadt. Sie trafen sich nahezu täglich, redeten und freuten sich miteinander.

Plötzlich musste der Eine die Stadt verlassen, da er eine neue Berufung, in einer anderen Gegend der Welt, gefunden hatte.

In der Vergangenheit hatten sich die Beiden - meist wegen den winzigsten Kleinigkeiten - ab und an in die eine oder andere Streitigkeit verwickelt. Diese Konflikte waren nun alle vergessen und erschienen lächerlich. Keiner wollte mehr ein schlechtes Wort gegen seinen Mitmenschen richten. Das Bewusstsein der kommenden Trennung festigte ihre Freundschaft.

Jeder Mensch sollte in diesem Bewusstsein sein Leben durchwandern, immer und zu jeder Stunde. Irgendwann ist Alles Vergangenheit - nur die allmächtige Zeit vermag den Augenblick zu bestimmen.

Dieses Büchlein findet hier sein Ende.

Danksagung

Dem Nico Krebs sei herzlich gedankt, da er mir eine große Ehre erwiesen hatte, als er die Orthografie dieses Büchleins begutachtete und freundlichst einige Rechtschreibfehler verbesserte.

Der Mathias Ulbricht las mit mir während einer Bahnfahrt das Manuskript dieses Textes, bemerkte ebenfalls einen Schreibfehler und gab einige Hinweise zur Metaphysik der Sesamstraße - daher muss ich auch ihm ein "Dankeschön!" aussprechen.

Den Personen, die maßgeblich an den Erfahrungen beteiligt waren, welche ich in meinem Leben bis heute gemacht habe, sei ebenfalls gedankt. Es würde zu lange dauern, sie hier alle persönlich aufzuzählen.

Zeittafel

Wissen und Weisheit
13. Mai 2004

Eigentum
15. Mai 2004

Religion
12. Mai 2004

Jesus Christus
12. Mai 2004

Gesandter Gottes
13. Mai 2004

Gott
13. Mai 2004

Politik
12. Mai 2004

Demokratie
13. Mai 2004

Deutschland
12. Mai 2004

Europa
12. Mai 2004

Güterverteilung
15. Mai 2004

Frieden
12. Mai 2004

Demokratischer Frieden
15. Mai 2004

Krieg
12. Mai 2004

Eroberungskrieg
13. Mai 2004

Grenzen
13. Mai 2004

Mauer
12. Mai 2004

Haben und Sein
13. Mai 2004

Entfremdung
15. Mai 2004

Humanität und Humanismus
15. Mai 2004

Harmonie
15. Mai 2004

Toleranz
15. Mai 2004

Genügsamkeit
13. Mai 2004

Gleichberechtigung
16. Mai 2004

Ganzheitlichkeit
15. Mai 2004

Tugend
14. Mai 2004